图书在版编目（CIP）数据

拉鲁斯万物小百科 / (法) 卡洛琳·佩利泽尔, (法)维尔吉妮·阿拉德基迪文 ; (法) 玛丽·帕吕图 ; 王楠楠译. -- 南昌 : 江西高校出版社, 2023.9（2024.5重印）

ISBN 978-7-5762-3892-1

Ⅰ.①拉⋯ Ⅱ.①卡⋯ ②维⋯ ③玛⋯ ④王⋯ Ⅲ.①科学知识－儿童读物 Ⅳ.①Z228.1

中国国家版本馆CIP数据核字(2023)第117115号

First edition:
Mon Larousse illustré la nature
Texte © Caroline Pellissier et Virginie Aladjidi
Illustrations © Marie Paruit
©Larousse 2021
Simplified Chinese edition arranged via Dakai-L'agence
版权合同登记号：14-2023-0076

拉鲁斯万物小百科
LALUSI WANWU XIAO BAIKE

策划编辑：赵天珅		印　　刷：北京印匠彩色印刷有限公司
责任编辑：刘　童　赵天珅		开　　本：787 mm×1092 mm　1/16
美术编辑：龙洁平		印　　张：3
责任印制：陈　全		字　　数：38千字
出版发行：江西高校出版社		版　　次：2023年9月第1版
社　　址：南昌市洪都北大道96号（330046）		印　　次：2024年5月第4次印刷
网　　址：www.juacp.com		书　　号：ISBN 978-7-5762-3892-1
读者热线：(010)64460237		定　　价：45.00元
销售电话：(010)64461648		

赣版权登字-07-2023-459　　版权所有　侵权必究

拉鲁斯
万物小百科

[法]卡洛琳·佩利泽尔　[法]维尔吉妮·阿拉德基迪/文

[法]玛丽·帕吕/图　王楠楠/译

江西高校出版社

春姑娘

春姑娘来了，白天变得越来越长，天气也变得越来越热。沉睡的大自然苏醒了，树木由休眠状态转化为生长状态，嫩芽从树枝上萌发。一朵朵小花儿也探出头来，变成一片花的海洋。春风拂过，苹果花飘落……就像下了一场春雪。

一年四季

随着季节的变换，树木会换下旧装，穿上新衣。

春天

夏天

秋天

冬天

一棵树

树顶

树叶

树枝

树根

树干

荷花木兰

树　木

栗树

白杨

桦树

一球悬铃木

冷杉

橡树

出生与长大

　　要经历多少变化才能长大呢？有些动物的模样在出生之后就不会改变，只是体形会变大，比如马；有些动物随着体形的变大，小时候的皮肤已经不适合长大的自己了，于是便会更换自己的皮肤，比如蛇；还有一些动物，小时候和长大之后的模样完全不同，就像小蝌蚪会变成青蛙。

青蛙成长记

青蛙妈妈和青蛙爸爸相遇之后……

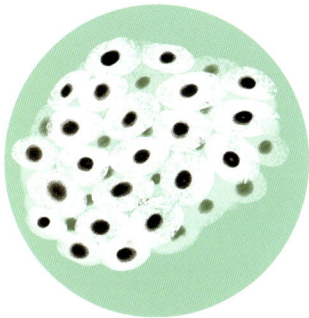

2.不久，小蝌蚪被孵化出来，在水中自由自在地游动。

6.现在，小蝌蚪变成青蛙啦！快看，青蛙从水里蹦出来了。

1.青蛙妈妈把卵宝宝产在水中。看，这就是卵宝宝的样子！

呱！

3.随着一天天长大，小蝌蚪慢慢地长出了后腿。

5.尾巴渐渐消失了。

4.哇，两只前腿也长出来啦！

蜻蜓

灯芯草

水黾

睡莲

鲤鱼

田螺

小小池塘世界

知更鸟

水蛇

蟾蜍

黄花鸢尾

树蛙

一家人

哺乳类动物妈妈先在肚子里孕育新生命。等小宝宝出生后，它们会依赖在妈妈身边，喝妈妈的奶水长大。看！这些可爱的小刺猬正排着队，紧跟在妈妈身后呢……

小刺猬诞生记

为了吸引刺猬妈妈的注意，刺猬爸爸会围着刺猬妈妈不停地转圈，并发出重重的呼吸声。

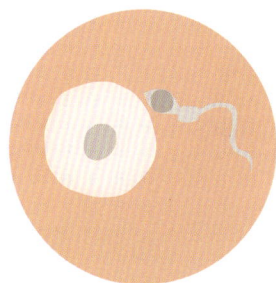

1.刺猬爸爸的精子和刺猬妈妈的卵子在妈妈的输卵管里相遇。

2.刺猬宝宝们在妈妈的子宫里慢慢长大。

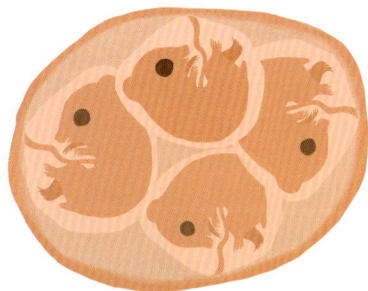

3.刺猬宝宝出生的时候眼睛没办法睁开，什么也看不见。

4.吧唧吧唧！奶水太美味了！刺猬宝宝在喝妈妈的奶水。它们的身上长出了白白的刺，这些刺会慢慢变成棕色。

哺乳动物

耳朵

头

眼睛

毛

乳房

尾巴

爪子

雌兔

妈妈和宝宝

田鼠妈妈和
田鼠宝宝们

蝙蝠妈妈和
蝙蝠宝宝

鹿妈妈和
鹿宝宝

猫妈妈和
猫宝宝们

野猪妈妈和
野猪宝宝

鼹鼠妈妈和
鼹鼠宝宝们

美味的水果

就像这棵樱桃树一样，无人打理的野树也可以结出果实。不过，经过人们长期打理的树，结出的果实更大、更美味。

从花朵到果实

蜜蜂、蝴蝶或风儿把一朵花的花粉带到另一朵花里，果实就这样从花朵中诞生，然后慢慢长大，成熟……

I.这是樱桃树的花朵——樱桃花。

2.樱桃花开了，昆虫把一朵花的花粉放到另一朵花的花蕊上。

5.果实宝宝长大成熟了。哦，多么可爱的樱桃啊！

3.花瓣掉落，子房越来越大。

4.果实诞生啦！

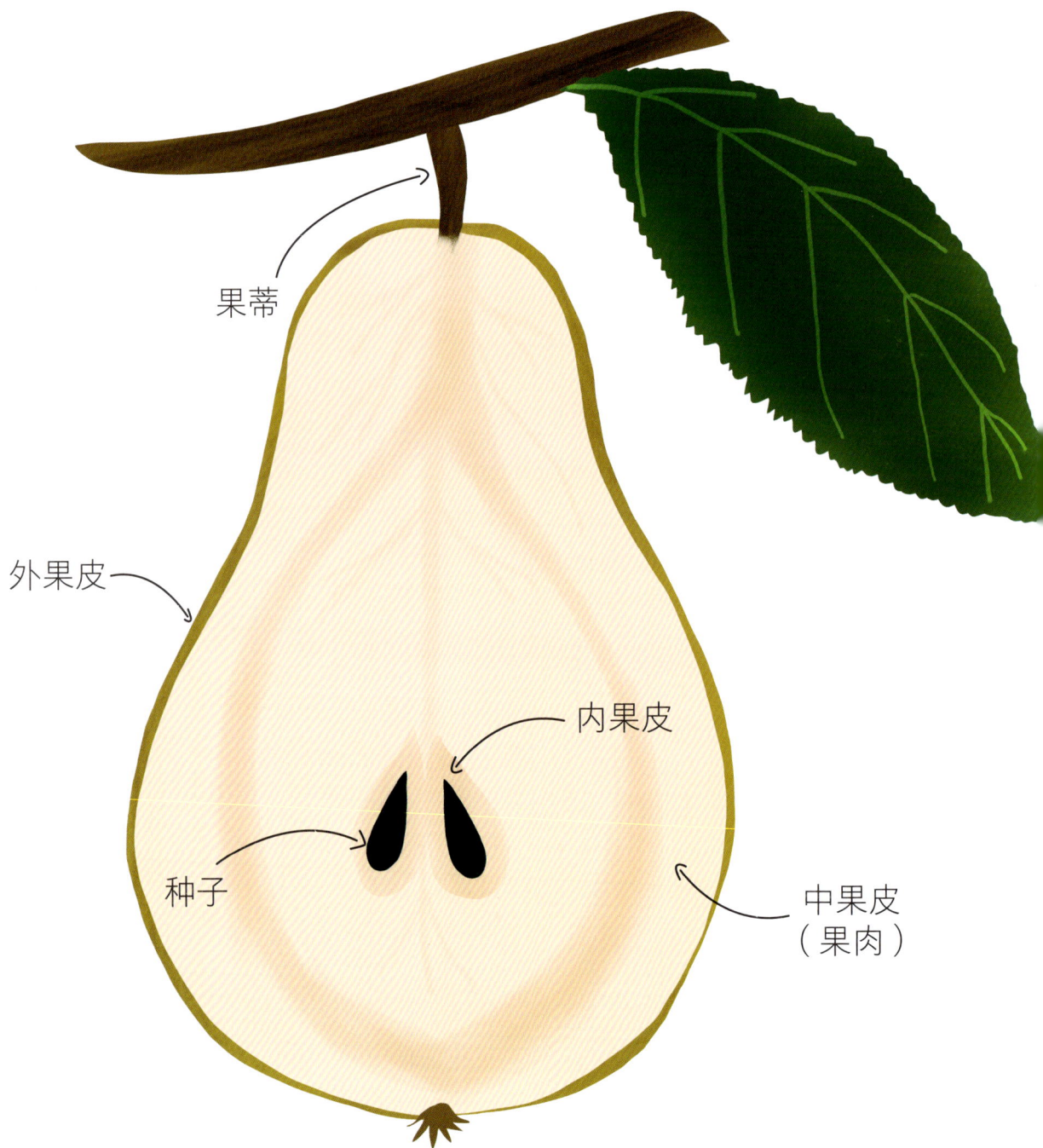

一种水果

果蒂

外果皮

内果皮

种子

中果皮
（果肉）

梨

花朵与果实

柠檬

柠檬的花朵和果实

杏

杏的花朵和果实

木瓜

木瓜的花朵和
果实

番茄的花朵
和果实

番茄

四季豆的花朵
和果实

四季豆

西葫芦

西葫芦的花朵和果实

海边动物

在充满薄雾的沙滩上，在海浪的气味中，只剩下大海留下的宝藏：卵石、浮木、空贝壳、海藻和小动物。咔嗒——咔嗒——咦，这是什么声音？是小螃蟹来啦！想要用手抓住螃蟹，就要用两根手指紧紧抓住它的后背两侧的壳！

螃蟹成长记

　　像螃蟹这样的甲壳动物，它们的甲壳不能随着身体增长而扩大，当甲壳跟身体相比太小的时候，就需要进行更换，我们把这叫作"蜕壳"。

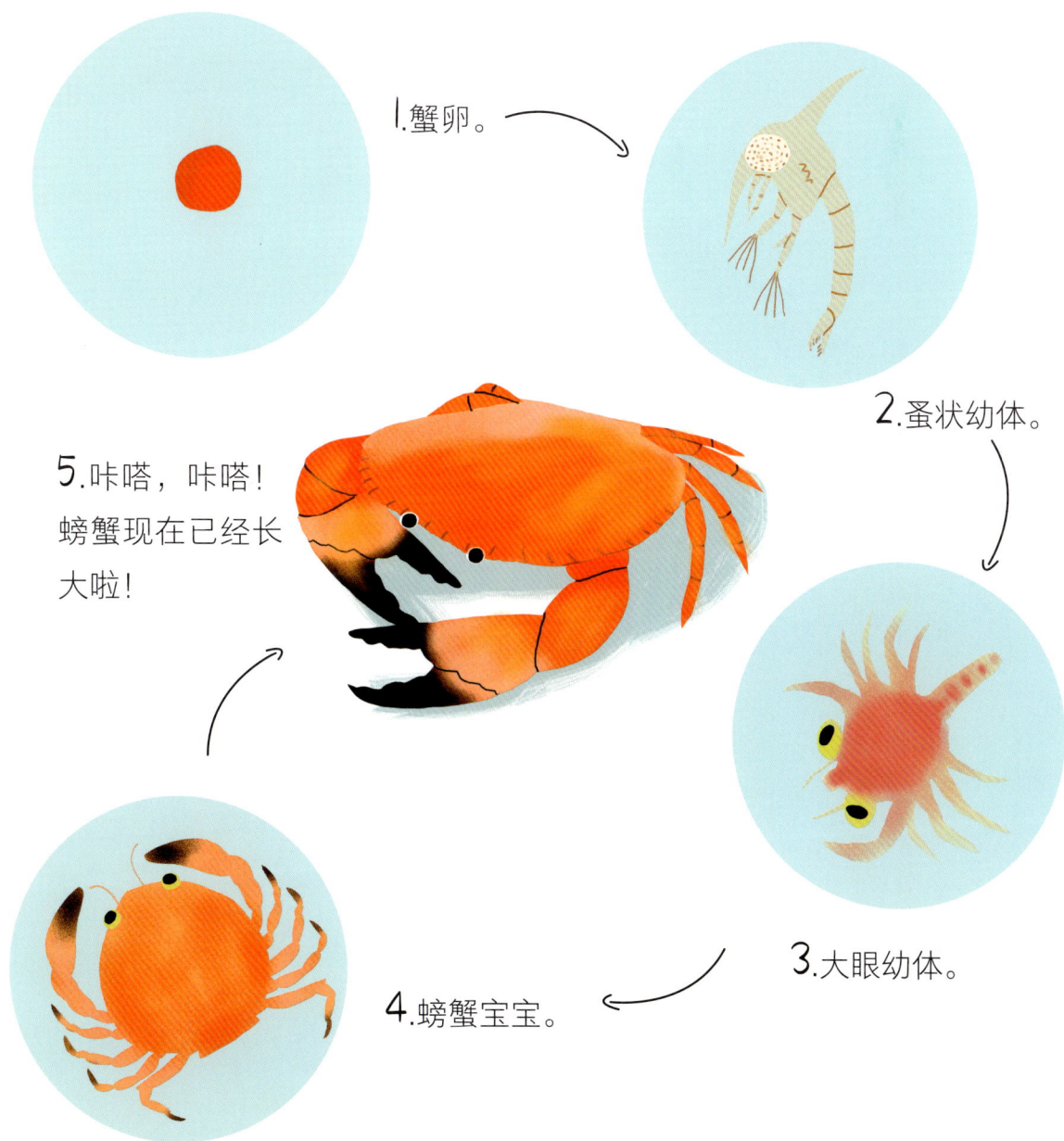

1.蟹卵。

2.蚤状幼体。

5.咔嗒，咔嗒！螃蟹现在已经长大啦！

3.大眼幼体。

4.螃蟹宝宝。

沙 滩

松树

大海

沙丘

马拉姆草

沙子

海藻

海洋生物

海星

沙蚤

海鸥

贻贝

牡蛎

蛤蜊

扇贝

乌贼骨

海螺

寄居蟹

水母

21

鸟巢观察记

　　鸟儿们很聪明，它们会为了产蛋，去捡拾小树枝、羽毛、草叶等来筑巢。知更鸟宝宝呀，快快用嘴巴啄破蛋壳，让我们听听你叽叽喳喳的叫声吧！

蛋里的小生命

和鸟爸爸相遇、结合之后，鸟妈妈会生下蛋，蛋里有她的宝宝。

1.鸟妈妈在孵化她的蛋。

2.蛋里的胚胎慢慢发育。

成鸟！

5.最后，鸟宝宝变成了——

3.胚胎慢慢长大。

4.鸟宝宝破壳而出。

鸟儿

头

眼睛

喙

羽毛

爪子

尾巴

燕

天空中和地面上的鸟儿

山雀

鸽子

天鹅

野鸡

喜鹊

麻雀

神秘的灌木丛

在潮湿的树丛和花丛中，长着一种奇特的史前植物——蕨类植物。它们的叶子就像被精心修剪过一般，非常精致。

蕨类植物

蕨类植物既没有花也没有种子，而是通过孢子繁衍后代。

1.蕨类植物的孢子飞落到地面。

2.孢子变成胚胎。

3.慢慢抽出了幼叶。

4.幼叶的形状就像倒钩一样。

5.这就是成熟的蕨类植物了！

苔藓、地衣与蕨类植物

地衣

蘑菇

苔藓

地衣

地衣

欧洲绿啄木鸟

蘑菇

苔藓

蕨类植物

鹿角虫

蕨类植物

蕨类植物

29

春之花

看！多么鲜艳可爱的迎春花呀！它又叫"春之花"——迎春花开，春天即来！大地变得色彩缤纷，香气怡人，分外美丽！昆虫也随花儿而来，采食花粉！

从种子到花朵

花儿的种子会生出另一朵花。

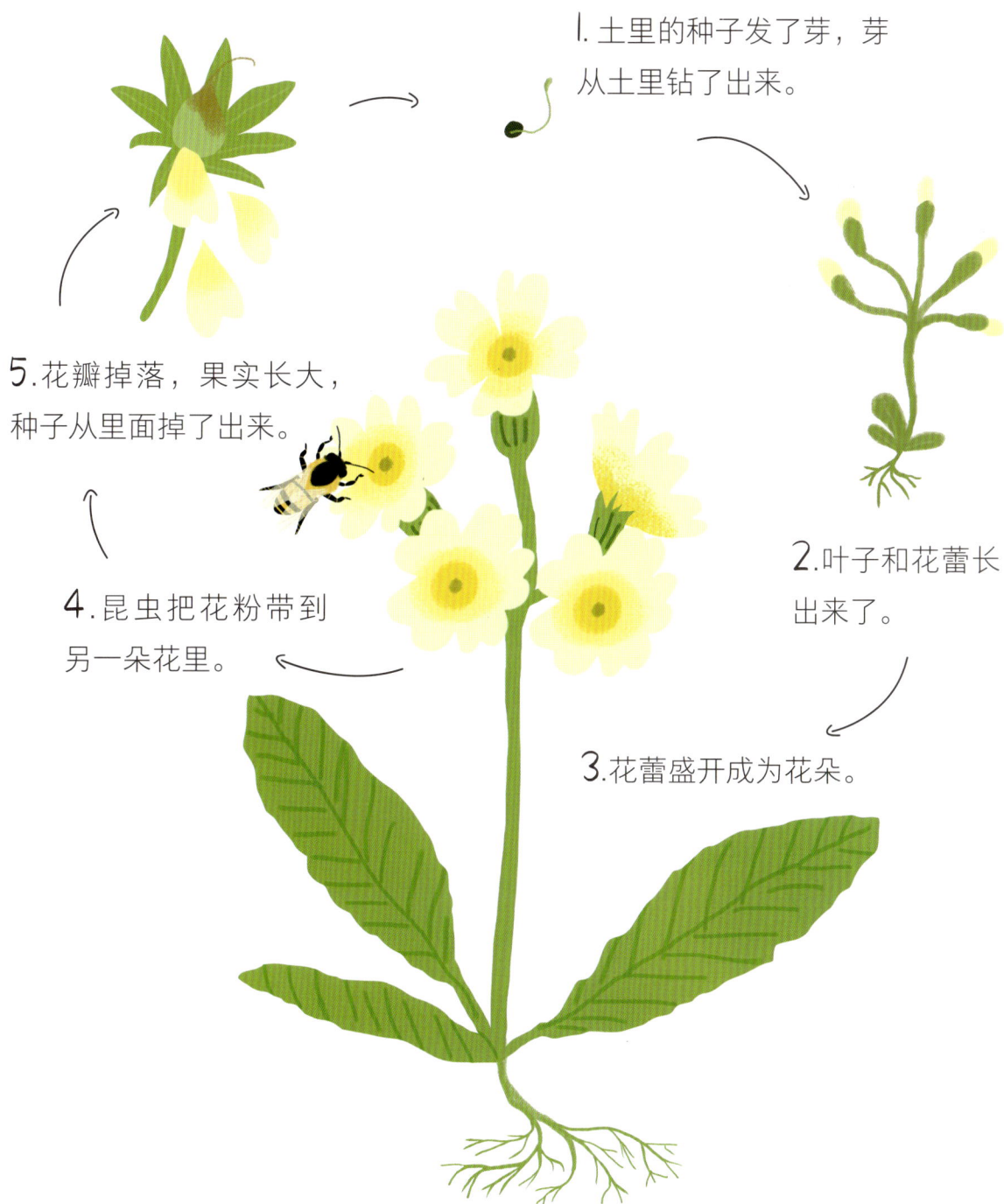

1.土里的种子发了芽，芽从土里钻了出来。

2.叶子和花蕾长出来了。

3.花蕾盛开成为花朵。

4.昆虫把花粉带到另一朵花里。

5.花瓣掉落，果实长大，种子从里面掉了出来。

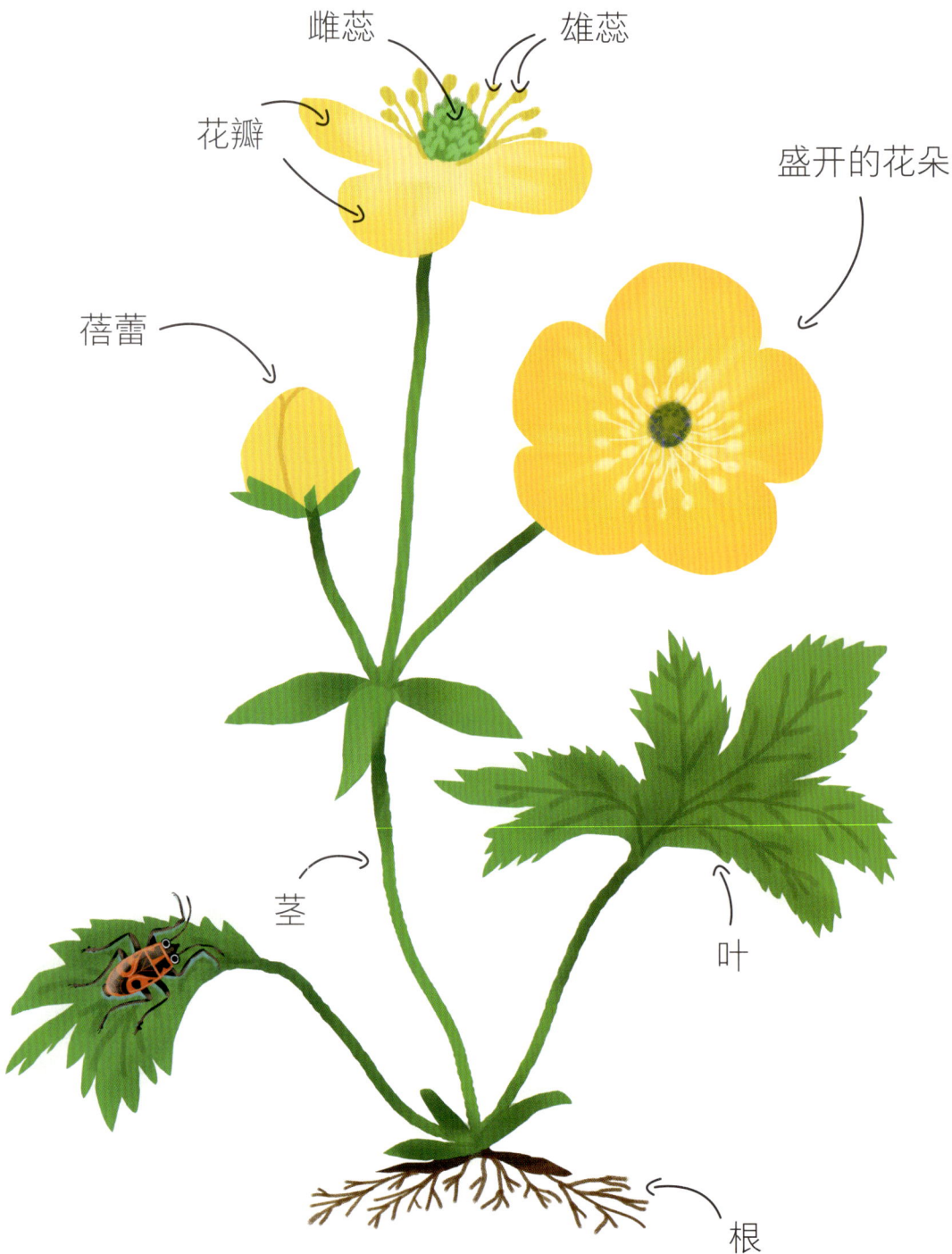

花朵

雌蕊

雄蕊

花瓣

盛开的花朵

蓓蕾

茎

叶

根

毛 莨

那些花儿

法国菊

矢车菊

虞美人

欧石楠

雏菊

铃兰

蘑 菇

在灌木丛、草丛或树干上，生长着千姿百态的蘑菇。它们有的大，有的小；有的带着斑点，有的是纯色的——橙、黑或棕。即使有些蘑菇闻起来香香的，样子也非常美丽，但它们可能有毒哟。小心，很危险！

四孢蘑菇

秋风爽，秋雨凉，小小蘑菇在生长！

菌盖

菌褶

菌环

菌柄

菌丝

牛肝菌成长记

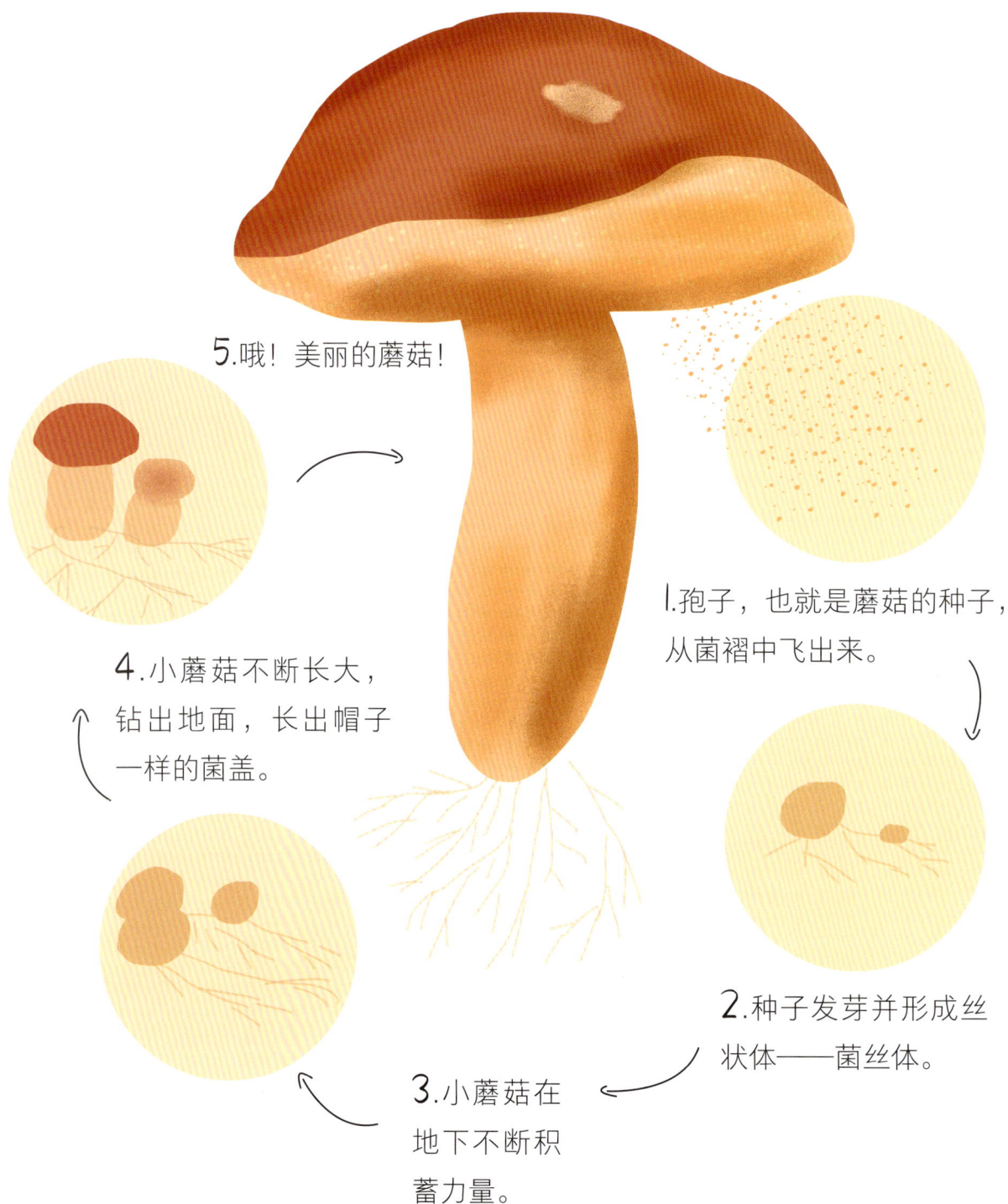

5.哦！美丽的蘑菇！

1.孢子，也就是蘑菇的种子，从菌褶中飞出来。

4.小蘑菇不断长大，钻出地面，长出帽子一样的菌盖。

2.种子发芽并形成丝状体——菌丝体。

3.小蘑菇在地下不断积蓄力量。

可以吃的蘑菇

记得告诉爸爸妈妈，吃蘑菇前要先询问医生哟！

黑喇叭菌

蜜环菌

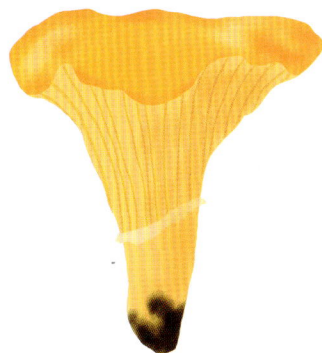

鸡油菌

白牛肝菌

松乳菇

羊肚菌

昆 虫

　　从黑黑的蚂蚁到美丽的蝴蝶，地球上存在着数百万种昆虫。这些昆虫有什么共同点吗？

　　当然！它们都是六条腿，一条不多，一条也不少。

　　快看，那有一只美丽的金凤蝶！走，我们去追蝴蝶吧！

破茧成蝶

许多昆虫在发育为成虫之前，都是从虫卵开始的。

1. 虫卵。

2. 幼虫。

真美呀！

3. 幼虫慢慢长大。

5. 蝴蝶破茧而出。

4. 幼虫将自己包裹在茧中。

昆 虫

翅膀

头部

触角

胸部

腿

腹部

脚

蜜 蜂

小小昆虫世界

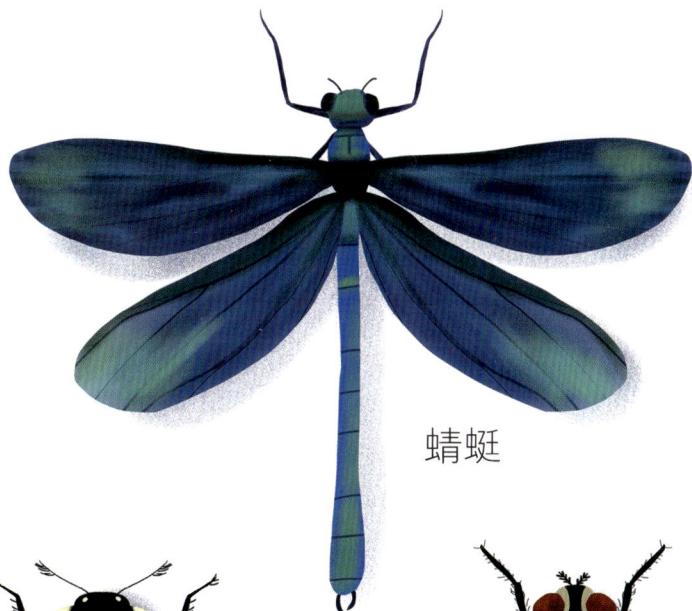

蜻蜓

黄蜂

瓢虫

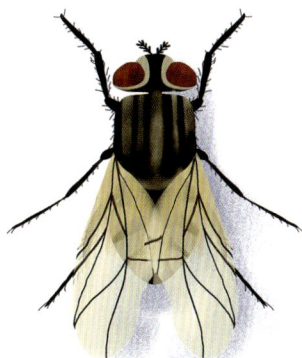

苍蝇

熊蜂

蚂蚁

马铃薯甲虫

家隅蛛

注意，这是蜘蛛，不是昆虫！数一数：它有八条腿哟！